LEÇON D'OUVERTURE DU COURS

DE

GÉOGRAPHIE COMPARÉE

DANS L'ESPACE ET DANS LE TEMPS

PAR

ÉLISÉE RECLUS

Extrait de la REVUE UNIVERSITAIRE

BRUXELLES
H. LAMERTIN, LIBRAIRE-ÉDITEUR
RUE DU MARCHÉ-AU-BOIS, 20

1894

LEÇON D'OUVERTURE DU COURS

DE

GÉOGRAPHIE COMPARÉE

DANS L'ESPACE ET DANS LE TEMPS

PAR

ÉLISÉE RECLUS

Extrait de la REVUE UNIVERSITAIRE

BRUXELLES
H. LAMERTIN, LIBRAIRE-ÉDITEUR
RUE DU MARCHÉ-AU-BOIS, 20

1894

P. WEISSENBRUCH, IMP. DU ROI

LEÇON D'OUVERTURE DU COURS

DE

GÉOGRAPHIE COMPARÉE

DANS L'ESPACE ET DANS LE TEMPS

Appelé par un concours de circonstances imprévues à commencer une série de lectures sur la géographie comparée, je tiens d'abord à vous remercier de votre accueil, vous tous, étudiants libres, qui m'avez convié à parler devant vous de la science que j'aime et dans la plénitude de mon indépendance. Je n'aurai qu'un moyen de vous témoigner mes sentiments, me dévouer avec vous, dans une passion commune, à la recherche désintéressée de la vérité. Par cette passion, nous sommes frères, car nous croyons tous fermement à la parole qui retentit, il y a deux mille ans : « C'est la vérité qui nous rendra libres ! »

Si vous me continuez le mandat conféré aujourd'hui, je n'oublierai point que nous sommes rattachés par le lien le plus étroit, et je ferai tous mes efforts pour que nous puissions étudier ensemble. Sans doute, il serait difficile actuellement de diriger ces conférences comme il conviendrait, d'en faire des entretiens, des conversations entre égaux, mais si je suis le seul à parler, je sentirai certainement frémir en vous les doutes ou les objections. Vivant de votre pensée, j'en profiterai, soit pour rectifier la mienne, soit pour insister auprès de la vôtre. Ce n'est point entre nous que l'on pourra parler de relations de maître à disciples. Je m'adresse à des hommes, et ceux-ci, je l'espère, se garderont bien de me croire sur parole. J'exposerai des faits, mais en vous priant de vérifier mon dire. Je formulerai des conclusions, mais vous discuterez mes raisonnements et contrôlerez mes preuves. Vous frapperez sur le métal pour savoir s'il est d'une résonnance pure et surtout d'un bon aloi. Grâce à vous, je pourrai peut-être, en mainte occurence, modifier mes idées préconçues et donner à ma compréhension des choses une forme plus précise. Merci, dès aujourd'hui, du concours que vous m'apporterez.

Et maintenant, à l'œuvre!

Peut-être ce que j'ai à vous dire paraîtra-t-il un peu spécial à quelques-uns d'entre vous. D'avance je les prie de vouloir bien m'excuser. J'aurai du moins un mérite, je serai bref.

La géographie, prise dans son sens étroit et poursuivie d'une manière exclusive, est une des études les plus dangereuses. D'ailleurs, quelle est la science que l'on ne puisse raccornir, dessécher, priver de toute sève, réduire à rien quand on l'étudie isolément, sans ampleur de l'esprit, sans largeur de conceptions? Tout savoir humain doit avoir sa part d'humanité. Il vaudrait mieux n'avoir rien appris et garder son intelligence libre, prête à recevoir des empreintes toutes neuves, que de s'emplir la cervelle d'un immense fatras ne répondant à aucune idée. Que nous importent les noms et encore les noms de villes, de villages, de hameaux, de peuples et de tribus? Que nous font les degrés de longitude et de latitude, les coordonnées astronomiques énumérées par centaines et par milliers, l'entrecroisement infini des lignes obliques, parallèles ou normales au méridien? Et de quel mépris ne faut-il pas voir cette caricature de la géographie qui consiste à tracer des barres diversement coloriées à travers les continents ou même sur le flot mouvant des mers?

La science à l'étude de laquelle je vous convie est tout autre. Certainement vous logerez dans votre mémoire des milliers et peut-être des millions de faits, mais vous les classerez, vous les unirez en un corps de connaissances raisonné et justifié par une préoccupation plus haute que celle des noms et des chiffres. La géographie, qui n'est point une science en elle-même, se rattache à toutes les sciences et leur sert de solide point d'appui, de réservoir infini pour la production des faits. L'astronome, embrassant l'immensité dans ses calculs, vivant pour ainsi dire en plein ciel et contemplant de haut les évolutions rhytmiques de notre planète à travers l'espace sans fond, a dû à l'étude de ce corps infinitésimal, à la mesure précise de ses jours et de ses saisons, à la gradation de ses climats locaux, de pouvoir comprendre tout le système sidéral. Le géologue étudie les couches terrestres, leurs superpositions et renversements, leur mode de formation et de transformation, les êtres qui les habitèrent ou qui même leur ont donné naissance. Le physicien, le chimiste recherchent les propriétés des substances terrestres, les lois des sphères, liquide et aérienne, qui entourent le globe, les frissons du magnétisme qui l'agite, les innombrables phénomènes de la vie planétaire dite inorganique; le naturaliste s'occupe de la distribution des plantes et des animaux, de l'influence des milieux sur leur développement, leurs luttes, leurs alliances et l'ensemble de leur histoire.

Et nous, essayant de traiter la « géographie comparée », à quoi relierons-nous l'étude de la Terre si ce n'est à l'Homme? Dans l'étude des traits divers de la planète, dans leurs rapports mutuels de juxtaposition et d'influence, dans les changements qu'amène la série des âges, l'élément de comparaison que nous aurons toujours devant les yeux sera la société humaine. L'histoire de la Terre et celle de l'humanité dans leurs actions et réactions continuelles, depuis les origines connues jusqu'aux temps qui se préparent, seront l'objet de notre étude. Pour résumer notre pensée, nous chercherons à suivre l'évolution de l'humanité par rapport aux formes terrestres et l'évolution des formes terrestres par rapport à l'humanité.

Telle que nous la comprenons, la géographie comparée n'est point une conquête de l'esprit moderne : elle naquit en même temps que les premières sociétés, bien des siècles avant l'époque de la science précise, et se mêle à nos mythes les plus anciens. Nos ancêtres les plus reculés avaient parfaitement apprécié les contrastes que présentent comme lieux d'habitation les diverses parties de la Terre, et nous le disent dans leur chants, dans leurs légendes, surtout dans les noms de lieux dont ils ont couvert le monde. Ils observaient toutes les différences du sol, du relief, de l'orientation, de la flore et de l'aspect, et dénommaient les régions d'après ces traits opposés. En certaines contrées, en Belgique, par exemple, des passages brusques se font de la dune au marais, des terres salines aux alluvions fluviales, des vasières aux sables et de la plaine à la colline. Là s'imposaient les dénominations impliquant le contraste géographique; mais dans les endroits mêmes où les transitions se font par nuances presque imperceptibles, des objets remarquables, tels que rochers, sources ou arbres, ont permis de signaler le district par un nom propre caractéristique. Ainsi les quatre mille langues parlées à la surface de la Terre ont servi à désigner les divers lieux par des millions de termes distincts. Ces termes, constituant la géographie comparée préhistorique, l'emportent singulièrement en propriété, en pittoresque et en poésie sur les noms dont les colons d'Europe parsèment le Nouveau Monde. Le dépouillement de cette nomenclature primitive, commencée surtout par Egli dans *Nomina Geographica*, pourra peut-être un jour tenter l'un d'entre vous.

Outre l'observation de la nature et de ses phénomènes, les peuples eurent un mobile particulier pour comparer et nommer les diverses contrées. Naturellement chaque groupe humain, se croyant sinon seul au monde, du moins seul à mériter le bonheur, donnait une valeur exceptionnelle au coin de terre habité par lui; les autres régions lui semblaient inférieures parce qu'elles ne lui appartenaient pas. D'ailleurs, telle contrée est vraiment si belle que ses habitants en comprenaient spontanément tous les avantages; la vanité naturelle à toute race leur permettait sans trop d'erreur de s'imaginer qu'ils possédaient un domaine fait d'un sol plus noble que ceux des autres régions du monde. On comprend cet orgueil collectif de tout un peuple et sa joie de vivre sur une terre d'élection quand un pays a la beauté des plaines gangétiques, des rivages du Konkan et du Malabar! Depuis plus de vingt siècles, et probablement depuis une période beaucoup plus ancienne, les géographes hindous, s'élevant à une généralisation hardie, avaient su reconnaître l'unité merveilleuse de leur péninsule qu'entourent la mer et les monts, et dans leur fièvre de poésie grandiose, toute pénétrée de l'idée d'une incessante évolution dans la nature, ils avaient comparé ce grand corps péninsulaire à une fleur immense dont chaque province était pétale ou sépale, chaque montagne étamine ou pistil. Le sage Sandjaya nous décrit dans le Maha Bhârata sa terre natale comme une fleur de lotus flottant au milieu des eaux, et cette description se reproduit dans la plupart des ouvrages hindous; seulement, le nombre des divisions florales varie suivant les découpures ethniques ou politiques du territoire et l'imagination des poètes. Du moins pour tous, la grande fleur hindoue paraît vivante, et si peu conformes que soient leurs comparaisons avec la précision des contours révélée par les mensurations modernes, elles répondent cependant beaucoup mieux à la délinéation vraie de l'Inde que le tracé grossier figuré par Ptolémée sur le réseau de ses méridiens et de ses parallèles.

La Chine, de même que la péninsule gangétique, se dit poétiquement le Tchoung-Hoa, c'est-à-dire la « Fleur du Milieu ». Est-ce là un nom apporté de l'Inde par les missionnaires bouddhistes ou bien une dénomination née dans le pays même, pour désigner la région féconde entre toutes où se ramifient les canaux des deux grands fleuves jumeaux? Peut-être ne faut-il y voir qu'un terme de rhétorique comme celui de Hoa-Kouo ou « Terre des Fleurs », dans le sens de « Terre de la Politesse » par excellence; quoi qu'il en soit, il implique bien chez ceux qui l'emploient une idée de la supériorité de leur pays sur tous les autres (1). La « Fleur du Milieu », si fertile, cultivée avec tant de soin, est réellement une des régions vitales de la planète et contraste par son étonnante richesse agricole avec les plateaux froids du nord, avec les plaines stériles de l'ouest.

Et quel pays du monde n'a son « Pays des Fleurs », son « Jardin » comme l'Inde et la Chine? Où que nous allions, sur la rondeur de la boule terrestre, nous trouverons des lieux dont les habitants s'enorgueillissent comme si la beauté leur en était due. Jusqu'au delà du cercle polaire, dans les régions où la longue nuit succède au jour interminable coupé de tourmentes et de neiges, les Tchouktches, les Eskimaux, les Groenlandais parlent avec complaisance de quelque vallon gracieux s'inclinant au midi, où les rayons du soleil réchauffent mieux l'homme, où les fleurs naissent plus tôt et sont plus odorantes qu'ailleurs.

(1) Voir Léon de Rosny, *passim*.

Sans doute le sens des proportions n'est pas observé dans cette géographie rudimentaire, mais il n'en reste pas moins un commencement d'analyse entre les formes terrestres. La comparaison se fait, une vague étude des éléments s'ébauche dans les intelligences humaines, la science de la Terre commence à naître. Il est vrai que le sentiment de la propriété, collectif ou personnel, et mieux encore, la communion d'amour qu'un long labeur donne avec la terre cultivée entrent pour une grande part dans la compréhension plus intime de la nature. Personne, ni peuple, ni individu, ne veut que son habitation ne soit au nombre des plus belles. Qui de vous n'a accompagé un paysan dans sa promenade émue autour des champs labourés par lui? A certains endroits, au tournant d'un bosquet, au penchant d'une colline, il entoure d'un long regard cette terre qu'il aime, dont il reconnaît chaque motte, chaque touffe d'herbes, et vous saisissant le bras pour vous faire vibrer avec lui, il s'écrie : « N'est-ce pas ici le plus beau pays du monde? »

C'est par un sentiment analogue que tant de villes, tant de lieux réputés saints ont été considérés comme le centre de la Terre : Bénarès, Jérusalem, Delphes, Rome, Paris, « la cité-mère » dont parle Hugo. En réalité, vous le savez, le centre de figure pour l'ensemble des terres émergées, en prenant le détroit de Beering comme ligne de partage entre les deux hémisphères, tombe à peu près sur Londres ou dans le voisinage; mais le calcul géométrique précis n'a point encore été fait, que je sache, et peut-être l'un de vous pourra-t-il l'entreprendre? Un travail plus intéressant serait de chercher le point où se trouve actuellement le centre d'équilibre entre les populations au point de vue numérique; c'est là une autre carte que l'un de vous pourra peut-être dresser?

Avec l'amour du sol et l'orgueil de la possession, tous les sentiment et toutes les passions de l'homme ont eu leur part dans les origines de la géographie comparée. La terreur de l'inconnu, le sens du mystère ont donné une importance capitale à telle montagne, à tel lac, même à une simple caverne, à un filet d'eau s'écoulant dans le sable. Toutes les grandes montagnes apparurent soit comme des dieux, soit comme leur résidence : le Mérou neigeux, reflétant au haut du ciel les rayons qu'on ne voit pas encore ou ceux qu'on ne voit déjà plus ; l'âpre Sinaï, aux arêtes rougeâtres, entre lesquelles s'écoulent des flots de poussière vibrante et musicale ; les Olympes de l'Asie Mineure et de la Grèce, qui s'élèvent si gracieusement de croupe en croupe au-dessus des eaux bleues. Chaque phénomène incompris avait sa légende. Le lac Averne, dont les vapeurs méphitiques, maintenant épuisées, tuaient les oiseaux dans leur vol, était devenu une porte des enfers. Le Styx, le torrent d'eau glacée sur laquelle les parjures étendaient la droite en tremblant, disparaissait pour entrer aussi dans le monde infernal, et les filets aqueux de Lerne, jaillissant au pied d'un rocher en faisant bouillonner le sable, étaient une hydre aux mille têtes s'élevant des régions mystérieuses où revivent les morts. La Terre, de l'une à l'autre extrémité, est ainsi parsemée de formes précises constituant autant d'individualités distinctes, saillies et creux du sol, eaux dormantes et courantes, transformées par la vénération ou la peur en de véritables personnes, dieux, génies ou monstres. On dit que dans Olympie plus de trois mille statues se dressaient autour des temples, mais dans le grand temple de la Terre, combien plus encore de monuments qui parurent d'origine religieuse et vers lesquels montèrent les hommages des peuples ! Une carte du monde énumérant tous les lieux qui furent sacrés ou qui le sont encore serait couverte de noms racontant aux yeux les relations de l'Homme avec la Terre, d'abord naïves et peureuses comme celles d'un enfant, puis traditionnelles, coutumières, sans élan, et graduellement changées par la connaissance précise en simples notions qu'on finit par oublier.

Parmi tous les lieux vers lesquels se porte la vénération des hommes, ceux qui vécurent le plus longtemps comme des êtres divins sont ceux qui dans notre langue ont pris le nom de « paradis », probablement d'après un mot persan d'origine relativement récente — soit au plus quatre mille années — puisqu'il s'appliquait, dit-on, à un parc de chasse que s'était réservé quelque grand souverain de la Médie. Bien avant ce personnage et ses exploits cynégétiques, il exista d'autres paradis que ceux de l'Elvend et du Demavend, toutes contrées réputées merveilleuses par la pureté de l'air, la fraîcheur des eaux courantes, l'éclat et la variété de la végétation, le foisonnement du gibier. Et presque tous ces paradis possédaient, en outre de leur beauté propre, un élément qui les embellissait à l'infini, celui du regret. On avait dû les quitter pour échapper à quelque invasion de bandes ennemies, à un déluge, à des tremblements de terre. On voyait en eux des paradis, surtout parce qu'ils étaient perdus. Mais de tout temps il y eut aussi des paradis du désir, des « terres de promission », comme des paradis du regret. Là-haut sur les montagnes blanches et vaporeuses dans le ciel bleu, ou bien par delà l'horizon, de l'autre côté d'un fleuve, d'un lac ou d'un bras de mer, vers ces régions mystérieuses où l'on voyait se lever le soleil, vers ces autres régions où l'astre se couchait dans la pourpre des nuées, et vers tous ces endroits inconnus que cherchaient les oiseaux, cinglant en bandes triangulaires, n'est ce pas là que l'humanité trouverait le pays de ses rêves, le lieu sacré où il n'y aurait plus ni faim, ni soif, ni fatigue, ni servitude, ni mort?

Chaque race, chaque peuple, chaque tribu eut ainsi ses paradis. L'histoire géographique nous permet d'en retrouver des centaines, en saillie comme des clous d'or sur le pourtour de la planète, depuis les montagnes du Nippon jusqu'à l'Eldorado du Nouveau Monde. Mais les paradis appartenant à notre branche de civilisation dite aryenne sont les seuls dont les noms nous soient familiers.

Le vague de la géographie chinoise et la monotonie des légendes relatives aux régions sacrées de l'Extrême-Orient me dispensent de mentionner ici les paradis lointains de l'Asie autres que le Fusiyama des Japonais, le « Non Pareil » ou le « Sans-Fin », le volcan que la légende dit avoir surgi tout à coup dans l'espace d'une nuit pour servir de trône aux dieux. Ses habitants possédaient jadis un secret pour ne pas mourir, et l'empereur Tsinchi-Hoangti, le Charlemagne de la Chine, y envoya, dit-on, une ambassade de mille adolescents pour puiser dans ses sources le breuvage de l'immortalité. Les Japonais actuels, ayant cessé d'être croyants mais restés artistes et admirateurs de la nature, voient toujours dans le mont superbe la gloire et comme le protecteur de leur pays.

L'Inde, où se pressent tant de peuples à religions si diverses, est aussi couverte de lieux mystiques, où vécurent, où vivront les bienheureux, si l'on en croit telle ou telle légende. Toutes les hautes cimes qui commandent isolément les plaines ou la mer — ainsi le pic d'Adam, dans l'île de Ceylan, au-dessus de la plage des rubis, — et, dans l'Himalaya, les monts d'où s'échappent les sources des grands fleuves, furent réputés autant de paradis. On vit plus de deux millions de fidèles se presser à la « porte du Gange », près de Hardwar, couvrant de leurs tentes un espace plus vaste que Paris; mais rares étaient les « pèlerins aventureux qui, précédés d'un drapeau portant l'image du dieu de la Mort, réussissaient à pénétrer jusque dans les gorges supérieures pour jeter dans le torrent glaciaire des touffes d'herbes représentant leurs péchés. Ceux qui revenaient du périlleux voyage accompli jusqu'à la « Source de la Vache », c'est-à-dire jusqu'à la voûte du glacier d'où s'élance le Gange, voyaient encore l'immense amphithéâtre neigeux du Roudra-Himaleh se dérouler sur l'horizon, inaccessible et mystérieux. Les poètes pouvaient le décrire à leur gré, y contempler dans leur imagination le sommet du Mérou, entouré d'autres cimes, argent, rubis, aigue-marine, percées de cavernes qui donnaient issue aux quatre animaux sacrés : l'éléphant, le lion, la vache et le cheval, symbolisant les quatre fleuves : Satledj, Indus, Gange et Tsambo. Les lits fluviaux se développaient d'abord en un quadruple cercle autour du dôme d'or, puis se précipitaient à travers les gorges et les plaines pour former l'Océan. Ce paradis du Mérou était-il sur les montagnes, était-il dans le ciel? Les sommets blanchissants, vaporeux comme des nuées ou resplendissant comme des métaux ou des gemmes, touchaient encore à la terre, mais les dieux y siégeaient sans avoir à descendre de l'empyrée.

Sur le versant opposé des faîtes qui séparent le monde gangétique du monde occidental se succèdent les paradis traditionnels que la légende juive et chrétienne nous a fait connaître. Le plus fameux, ce jardin d'Eden, d'où l'ange à l'épée flamboyante chassa le premier couple humain tenté par le serpent, fut certainement, dans la mémoire des Sémites qui nous l'ont décrit, une contrée d'où leurs premiers aïeux avaient dû s'enfuir : dans leurs migrations lointaines, ils pleuraient cette patrie perdue, de même que, plus tard, transportés sous les saules de la Babylonie, dans ce même jardin d'Eden qui leur avait appartenu jadis, mais où commandaient maintenant des maîtres impitoyables, ils pleurèrent leur ville de Jérusalem, transformée aussi par la mémoire en une sorte de paradis. Un groupe de palmiers, qui se penche au confluent de Korna sur les eaux unies de l'Euphrate et du Tigre, marquerait, dit-on, l'endroit même où s'élevait l'arbre au fruit redoutable, qui, — nous donnant la connaissance du bien et du mal, — fit ainsi de nous, — si nous comprenons bien le mythe, — des hommes apprenant la vérité à leurs risques et périls, passant douloureusement de l'état d'ignorance à celui de l'étude et du savoir. Les ruines d'Éridu, la « ville du Bon Dieu », peut être la plus antique cité de la Chaldée, parsèment le sol près du confluent, sur les deux rives de l'Euphrate, et furent aussi l'un des « centres de la Terre ».

Les paradis des autres peuples anciens, ignorés de l'histoire dite « sacrée », n'ont pas laissé la même empreinte que celui de l'Euphrate dans l'imagination des Occidentaux; mais la genèse en fut la même. On se les imagina tous comme ayant existé par delà les âges de l'histoire, ou comme existant encore pas delà les bornes du monde connu. L' « âge d'or », auquel, de décadence en décadence, devait succéder l' « âge de fer », était censé avoir été pour tous les ancêtres méditerranéens un temps d'innocence, de paix et de bonheur. Les Arcadiens mythiques, nourris de glands, laissèrent après eux un tel souvenir de leur vie fortunée, de leurs mœurs vertueuses, qu'il en est resté jusqu'à nos jours un reflet dans l'art et un écho dans la langue. Les navigateurs Phéaciens, plus habiles qu'Ulysse, avaient su tranformer l'océan tempêtueux en une nappe d'eau tranquille, et, sans gouvernail ni rames, voyageaient jusqu'aux extrémités du monde pour aller visiter les dieux. Même les cruels Romains avaient eu pour aïeux des hommes simples, doux et bons, immigrés de l'Arcadie avec leurs troupeaux.

Aux temps historiques, il ne restait plus trace de ces populations légendaires, mais de toutes parts, à l'orient, au midi, à l'occident, au septentrion, l'âge d'or était censé se prolonger pour des hommes vivant à la façon des ancêtres. Vers les sources du Nil, au lever et au coucher du soleil, habitaient les « amis des dieux », les « irréprochables » Éthiopiens, les plus beaux, les plus grands, les plus semblables aux immortels par la durée de la vie. Plus loin, vers l'occident, les jardins des Hespérides fleurissaient dans les vallons du pays qui devint la Cyrénaïque, les Lotophages vivaient dans leur île des Syrtes comme en un doux rêve sans fin, et des îles « Fortunées » parsemaient l'Océan par delà les colonnes d'Hercule. Même un continent, l'Atlantide, « plus grand à lui seul que les deux parties du monde Asie et Lybie », avait pour habitants des populations heureuses. Dans les régions du nord, d'où venaient les vents et les froidures, s'étendait la contrée des Hyperboréens, « peuples innocents qui ne connaissaient point la guerre et que n'avait jamais visités l'impitoyable Némésis ». Chez eux, les vieillards dépassaient l'âge de mille ans, ou plutôt on peut dire qu'ils ne mouraient pas : ils retournaient vers les dieux en se précipitant dans les flots du haut d'un rocher. Peut-être faut-il voir dans ces récits légendaires un lointain écho des suicides de vieillards, si fréquents chez les Tchouktches de la Sibérie; d'ailleurs, la preuve que les Grecs avaient une connaissance vague de ces régions, est qu'ils attribuaient au pays des Hyperboréens un jour de six mois alternant avec une nuit de même longueur : les hommes du nord semaient au matin, coupaient leur froment à midi, cueillaient leurs fruits le soir et les déposaient dans les greniers pendant la nuit. Mais l'éloignement avait fait ignorer aux Grecs l'horreur des glaces et des tempêtes. Les Islandais eux-mêmes ne s'imaginaient-ils pas que dans l'effroyable citadelle de leurs volcans, Hekla, Katla, Skapta, défendus par des tourbières tremblantes, des sables mouvants, des glaces, des coulées de lave, et souvent cachés sous l'immense ombelle des cendres projetées dans l'espace, se trouvait un jardin merveilleux, une oasis de verdure, baignée d'air tiède et de lumière?

Quoique le christianisme, incapable de satisfaire ici-bas les pauvres affamés de bonheur, leur eût montré le paradis du ciel, la « Jérusalem d'en haut », pour les détourner de vaines espérances terrestres, l'idée d'un pays du bonheur hantait si bien les imaginations qu'après la découverte du Nouveau Monde, on se précipita vers ces terres du couchant, dans l'espoir d'y trouver le jardin de délices perdu par les ancêtres. On sait que Christophe Colomb ne cherchait pas seulement les rives orientales de l'Asie, l'Inde, la Chine et le mystérieux Zimpango, mais qu'il espérait aussi redécouvrir le paradis perdu. Lorsqu'il arriva dans le golfe de Paria et que son navire fut saisi par le flot puissant de l'Orénoque, il crut que cette énorme masse d'eau descendait du jardin où les premiers parents avaient vécu dans l'innocence. Sur les côtes de Veragua, riches en or, le navigateur, non moins avide que mystique, s'affermit encore dans sa conviction, et se crut même choisi spécialement par Dieu pour mettre la main sur les trésors nécessaires à la délivrance du Saint-Sépulcre. Encore plus crédules et pleins de confiance en un destin miraculeux, Ponce de Leon, Pamphilo de Narvaez, Hernando de Soto cherchent pendant des années, non des trésors mais l'eau de Jouvence qui devait les guérir de toutes maladies et leur assurer une éternelle jeunesse. Jamais peut-être pareille chimère ne fut poursuivie avec pareil acharnement et ne donna lieu à de pareils désastres. Un seul homme, et d'ailleurs un des plus cruels de cette époque si féconde en terribles aventuriers, Alvar Nuñez Cabeza de Vaca, put échapper à la mort. Mais que d'autres expéditions analogues se firent plus tard dans l'Amérique méridionale à la recherche des îles, des lacs ou des montagnes que gouvernait l' « Homme Doré », l'*El Dorado*, dont le palais dressait ses parois de diamant sur un pavé de saphirs et de rubis! Jusqu'au commencement de ce siècle, les chercheurs de trésors parcouraient les Andes de la Patagonie uniquement pour y trouver une prétendue cité de los Cesares ou des « Césars », dernier avatar de l'ancien paradis terrestre, transféré de monde en monde par l'imagination des hommes. De même que les nomades portaient avec eux leurs dieux laïcs à chaque nouveau foyer, de même les fondateurs de nations nouvelles déplaçaient leurs paradis en cheminant autour de la planète. Mais peu à peu ces paradis perdirent de leur prestige : l'usure des siècles en ternissait l'éclat.

Entrés maintenant dans une ère nouvelle, où les hommes n'ont plus la foi nécessaire pour essayer de découvrir des paradis distincts en quelque coin de la Terre, ils ne prétendent plus trouver des jardins naturels où les fruits viennent d'eux-mêmes se présenter à la main qui les cueille. Mais ils ont gardé leurs intérêts et leurs passions ; le premier de leurs droits, inscrit même en quelques constitutions, est la « recherche du bonheur ». Recherche qui resterait certainement sans effet, si, elle aussi, ne devenait science, et par conséquent ne s'appuyait sur l'observation ou sur les expériences répétées. Or, l'observation est précisément l'œuvre de la géographie et l'on sait avec quelle ardeur elle se poursuit. La mesure astronomique de la Terre, commencée par le Grec Eratosthène dans la vallée du Nil, a été reprise avec plus de rigueur, en Europe, dans l'Inde, en Maurétanie, dans l'Amérique du Nord, dans les Andes équatoriales, et maintenant elle est connue à quelques kilomètres près. On s'occupe aussi d'apprendre et de figurer par le détail toute la superficie de la planète avec les hauteurs de son relief et les profondeurs de ses cavités, avec tous les traits de sa forme extérieure, et cet immense travail est sinon achevé, du moins en très bonne voie pour un dixième de la surface continentale. Les neuf autres dixièmes sont cartographiés d'une manière générale, et chaque année s'accroît le réseau des mensurations précises. En même temps, les hommes étudient la puissance de production des terres et l'ensemble des ressources annuelles; des statisticiens cherchent à établir, par des calculs approximatifs, combien de milliards d'hommes vivraient à leur aise sur la rondeur terrestre et constatent facilement que nous sommes encore bien peu nombreux en proportion des foules que la Terre pourrait contenir.

Ainsi l'observation, l'une des deux moitiés du problème social, se fait chaque jour plus active. L'expérience, l'autre élément nécessaire de la solution, s'accomplit avec la même poussée, quoique d'une manière peut-être moins consciente. Si l'on ne va plus à la découverte de paradis naturels, on se demande de toutes parts s'il ne serait pas possible de créer de nouveaux Edens par le labeur et le bon accord. Le monde a changé d'orientation : il ne regarde plus vers le passé. C'est par centaines qu'on a fondé aux États-Unis, au Mexique, au Brésil, en Australie, même dans la vieille Europe, dans la massive Afrique, des colonies ou des phalanstères, par lesquels on cherche, avec plus ou moins de succès, à établir des sociétés de travailleurs heureux. Mais ce n'est là que le très petit côté de l'expérimentation générale. Outre ces nombreuses entreprises qui tentent d'appliquer au sol les forces industrielles, les procédés chimiques et la puissance solidarisée du travail libre, et qui, — à défaut d'autre mérite, ont au moins une valeur d'étude psychologique, — la société tout entière, avec le tourbillon de ses agissements divers, est devenue un vaste champ d'études et d'expériences pour la transformation générale des choses. Tandis que des chrétiens attendent encore un miracle pour que la terre se divinise, sous le gouvernement direct d'un « Roi de Gloire », d'autres hommes d'idéal pensent à humaniser la grande patrie, à s'unir avec elle d'une façon plus intime, à en faire une résidence de bonheur pour tous ceux qui s'y trouvent. Tel est le vrai but des hommes, et c'est en tenant ce but sans cesse devant les yeux que j'espère, mes amis, fournir avec vous ce long voyage de recherches comparées à travers les continents et les siècles.

www.ingramcontent.com/pod-product-compliance
Lightning Source LLC
LaVergne TN
LVHW010316230826
846091LV00009B/3677
9782016156131